RÜHR-KUCHEN

EDITION XXL

Marmorkuchen
mit Nugat

Zutaten für ca. 20 Stücke:

250 g Margarine,
z. B. von Rama
175 g Zucker
5 Eier
200 g Mehl
50 g Speisestärke
½ Päckchen Backpulver

Salz
1 Päckchen geriebene Orangenschale
100 g Nugat
Margarine und Semmelbrösel für
die Form
Puderzucker zum Bestäuben

1. Die Margarine und den Zucker mit den Quirlen des Handrührgerätes cremig rühren. Die Eier trennen und die Eigelbe nacheinander unter die Margarinecreme rühren. Das gesiebte Mehl, die Speisestärke, das Backpulver und 1 Prise Salz mischen und esslöffelweise unter die Creme rühren.

2. Den Backofen auf 175° C (Umluft 155° C) vorheizen. Den Teig halbieren und eine Hälfte mit der Orangenschale verrühren. Den Nugat in kleine Würfel schneiden und mit der anderen Hälfte des Teiges verrühren.

3. Die Eiweiße sehr steif schlagen. Jeweils die Hälfte des Eischnees zu jeder Teigportion geben und vorsichtig unterheben.

4. Eine Gugelhupfform mit Margarine gut einfetten und mit den Semmelbröseln ausstreuen. Erst den hellen Teig in die Form geben, dann den dunklen Teig auf dem hellen verteilen. Eine Gabel spiralförmig durch die Teige ziehen, um ein Muster zu erhalten.

5. Den Kuchen im heißen Backofen ca. 1 Stunde 15 Minuten backen und die letzten 20 Minuten mit Alufolie abdecken, damit er nicht zu dunkel wird.

6. Den Kuchen aus dem Ofen nehmen, ca. 5 Minuten in der Form abkühlen lassen und zum Auskühlen auf ein Kuchengitter stürzen. Den fertigen Kuchen mit Puderzucker bestäuben.

Zutaten für ca. 20 Stücke:

150 g Zartbitterkuvertüre
Fett und Mehl für die Form
125 g Amarettini
(ital. Mandelkekse)
250 g weiche Butter
175 g Zucker
1 Päckchen Vanillezucker
Salz
4 Tropfen Bittermandelöl
6 Eier

450 g Weizenmehl Type 405,
z. B. von Goldpuder
80 g gehackte Mandeln
1 Päckchen Backpulver
225 ml Milch
2 EL Kakaopulver
5 EL Amaretto
2 EL Hagelzucker und Mandelblättchen zum Bestreuen

Amaretto-Marmorkuchen

1. Die Kuvertüre grob hacken und im heißen Wasserbad schmelzen. Den Backofen auf 175° C (Umluft 155° C) vorheizen. Eine Gugelhupfform (26 cm Durchmesser) einfetten und mit etwas Mehl bestäuben.

2. Die Amarettini grob zerbröseln. Die Butter mit Zucker, Vanillezucker, 1 Prise Salz und dem Bittermandelöl cremig rühren. Die Eier nacheinander unterrühren. Das gesiebte Mehl, die Mandeln und das Backpulver mischen. Abwechselnd mit 125 ml Milch nach und nach unter den Teig rühren.

3. Den Teig dritteln und eine Portion beiseitestellen. Unter die zweite Portion den Kakao, 3 EL flüssige Kuvertüre und die restliche Milch rühren. Unter die dritte Portion die Amarettini-Brösel und den Amaretto rühren.

4. Zuerst den dunklen, dann den hellen und zum Schluss den Amaretto-Teig in die Form füllen, eine Gabel spiralförmig durchziehen und den Teig glatt streichen. Den Kuchen im heißen Backofen ca. 1 Stunde 15 Minuten backen.

5. Den Kuchen stürzen und gut auskühlen lassen. Die restliche Kuvertüre nochmals im Wasserbad erwärmen und auf dem Kuchen verteilen.

6. Mit Hagelzucker und Mandelblättchen bestreuen und den Guss gut trocknen lassen.

Orientalischer Napfkuchen

<u>Zutaten für ca. 20 Stücke:</u>

Für den Teig:
300 g weiche Butter
250 g Zucker
2 EL flüssiger Honig
2 TL gemahlener Ingwer
1 TL gemahlener Kardamom
2 TL gemahlener Anis
5 Eier Größe M
300 g Dinkelvollkornmehl
80 g Dinkelmehl Type 630,
z. B. Aurora Bestes Korn
1 Päckchen Backpulver

4 EL Milch
100 g getrocknete Aprikosen
50 g geröstete Mandelstifte
25 g gehackte Pistazien
Butter und Mehl für die Form

Zum Verzieren:
200 g Vollmilch- oder
Zartbitterkuvertüre
1 EL gerösteter Sesam
1 EL gehackte Pistazien

1. Die Butter mit dem Handrührgerät auf höchster Stufe schlagen, bis sie weißlich wird. Den Zucker, Honig, Ingwer, Kardamon und Anis nach und nach hinzufügen. Jedes Ei etwa ½ Minute unterschlagen. Den Backofen auf 180° C (Umluft 160° C) vorheizen.

2. Die Mehle mischen, sieben und mit dem Backpulver sowie der Milch bei mittlerer Geschwindigkeit mit dem Rührgerät unterrühren. Die getrockneten Aprikosen fein hacken und mit den Mandelstiften sowie den Pistazien unterziehen.

3. Eine Gugelhupfform (Durchmesser 24 cm) mit Butter einfetten und mit Mehl bestäuben. Den Teig einfüllen, glatt streichen und im heißen Backofen auf der unteren Schiene ca. 1 Stunde backen.

4. Den fertig gebackenen Kuchen nach 10 Minuten aus der Form lösen und auf einem Kuchenrost auskühlen lassen. Die Kuvertüre grob hacken und nach Packungsanweisung im Wasserbad schmelzen.

5. Den ausgekühlten Kuchen mit der Kuvertüre überziehen und mit Sesam sowie Pistazien bestreuen.

Punsch-Kuchen

Zutaten für ca. 12 Stücke:

Für den Teig:
200 g Margarine, z. B. von Sanella
200 g Zucker
Salz, 4 Eier
2 unbehandelte Orangen
350 g Mehl
2 TL Backpulver
Fett für die Form

Zum Tränken:
150 ml Rotwein
1 Beutel Glühweingewürz
100 g Zucker
2 EL Rum

Zum Bestäuben:
2 EL Puderzucker

1. Die Margarine in einem Topf schmelzen. Zucker, 1 Prise Salz und die Eier dazugeben und mit den Quirlen des Handrührgeräts cremig rühren. Den Backofen auf 175° C (Umluft 155° C) vorheizen.

2. Die Orangen heiß waschen und abtrocknen. 1 TL Orangenschale abreiben, die restliche Schale sehr dünn abschälen und für die Verzierung in feine Streifen schneiden. Die Orangen auspressen, 125 ml Saft und die abgeriebene Orangenschale unterrühren.

3. Das Mehl sieben, mit dem Backpulver mischen und esslöffelweise unter den Teig rühren.

4. Die Form einfetten, den Teig einfüllen und im heißen Backofen ca. 55 Minuten backen. Aus der Form lösen und 10 Minuten abkühlen lassen.

5. Die Orangenschale für die Verzierung mit 100 ml Rotwein 5 Minuten offen kochen, in ein Sieb abgießen und dabei den Rotwein auffangen. Die Orangenschale abtropfen lassen.

6. Den restlichen Rotwein zu der Flüssigkeit geben, mit dem Glühweingewürz sowie dem Zucker aufkochen und abkühlen lassen. Den Rum unterrühren.

7. Den Kuchen wieder in die Form geben. Mit einem Holzspieß mehrmals einstechen. Den Punsch über den Kuchen träufeln und auskühlen lassen. Den Kuchen mit Puderzucker bestäuben und mit der Orangenschale verzieren.

TIPP

Den Kuchen einen Tag durchziehen lassen, dann schmeckt er besonders gut.

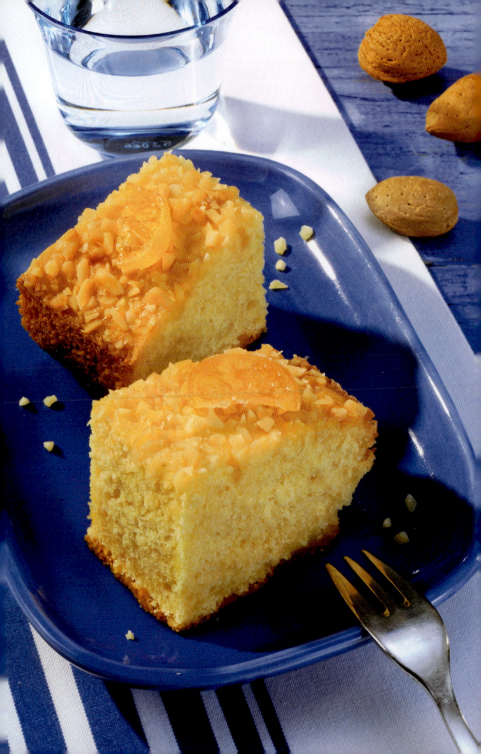

Orangensirup-Kuchen

Zutaten für ca. 24 Stücke:

500 g Mehl
1 Päckchen Backpulver
½ TL Salz
250 g Grieß
5 Eier
250 g Margarine, z. B. von Sanella
150 g Zucker
2 Päckchen Orangenfrucht

350 ml Orangensaft
Fett für die Form
100 g gehackte Mandeln

Für den Sirup:
325 g Zucker
125 ml Orangensaft

1. Das Mehl und das Backpulver mischen und sieben und mit dem Salz sowie dem Grieß vermengen. Die Eier trennen. Den Backofen auf 180° C (Umluft 160° C) vorheizen.

2. Die Margarine, 75 g Zucker und die Orangenfrucht mit den Quirlen des Handrührgeräts cremig rühren. Die Eigelbe dazugeben und unterrühren. Die Quirle durch Knethaken ersetzen. Abwechselnd die Mehlmischung und Orangensaft mit den Knethaken unterrühren.

3. Die Eiweiße mit dem restlichen Zucker mit den Quirlen des Handrührgeräts zu steifem Eischnee schlagen und vorsichtig unter den Teig heben.

4. Den Teig in eine gefettete ofenfeste Auflaufform oder rechteckige Backform geben und die Mandeln gleichmäßig darüber verteilen. Den Kuchen im heißen Backofen ca. 40 Minuten backen, herausnehmen und leicht abkühlen lassen.

5. In der Zwischenzeit für den Sirup den Zucker, den Orangensaft und 125 ml Wasser miteinander aufkochen. Den heißen Sirup über den Kuchen verteilen und den Kuchen ganz auskühlen lassen.

TIPP

Den Kuchen mit frischem Obstsalat servieren.

Blondies
mit Himbeeren

1. In einem Topf die Margarine und die Kuvertüre schmelzen und etwas abkühlen lassen.

2. Die Eier mit dem Zucker und dem Vanillezucker mit den Quirlen des Handrührgeräts schaumig schlagen und nach und nach die Margarine-Kuvertüre-Mischung unterrühren. Den Backofen auf 175° C (Umluft 155° C) vorheizen.

3. Das Mehl und das Backpulver mischen, auf die Masse sieben und unterrühren. Die Himbeeren verlesen und vorsichtig unterheben.

4. Den Teig in eine gefettete rechteckige Backform geben und im heißen Backofen ca. 35 Minuten backen.

5. Den Kuchen in der Form abkühlen lassen und dann in Stücke schneiden.

Zutaten für ca. 25 Stück:

150 g Margarine, z. B. von Sanella
150 g weiße Kuvertüre
3 Eier
150 g brauner Zucker
1 Päckchen Vanillezucker
200 g Mehl
2 TL Backpulver
100 g Himbeeren
Fett für die Form

Zutaten für ca. 8 Stücke:

250 g Pflaumen
100 g Margarine, z. B. von Rama
75 g Zucker
2 Päckchen Vanillezucker
1 Päckchen Zitronenschale
2 Eier

200 g Mehl
1 TL Backpulver
125 ml Milch
75 g gehackte Haselnüsse
Fett für die Form
Puderzucker zum Bestäuben

Pflaumen-Kuchen
mit Haselnüssen

1. Den Backofen auf 180° C (Umluft 160° C) vorheizen. Die Pflaumen waschen, entsteinen und grob würfeln.

2. Die Margarine und den Zucker mit den Quirlen des Handrührgeräts cremig rühren. Den Vanillezucker und die Zitronenschale unterrühren. Nacheinander die Eier dazugeben. Mehl und Backpulver mischen, sieben und abwechselnd mit der Milch unterrühren. Die Pflaumen und 50 g Haselnüsse unterheben.

3. Den Teig in eine gefettete Springform geben, glatt streichen und mit den restlichen Haselnüssen bestreuen. Im heißen Backofen ca. 55 Minuten goldbraun backen.

4. Den Kuchen in der Form etwas abkühlen lassen und mit Puderzucker bestäuben.

Caipirinha-Kuchen

Zutaten für ca. 10 Stücke:

abgeriebene Schale von
2 unbehandelten Limetten
1 Packung Backmischung, z. B.
Aurora la finesse
Backmischung Zitronen-
Limettenkuchen (mit Glasur)
3 Eier Größe M
150 g weiche Butter

80 ml Milch
Fett und Mehl für die Form
2 EL Zuckerrohrschnaps
1 gehäufter EL brauner Zucker

Außerdem:
eine Gugelhupfform (1,5 l Inhalt)
etwas Butter und Mehl für die Form

1. Den Backofen auf 180° C (Umluft 160° C) vorheizen.

2. Die Limetten heiß waschen und abtrocknen. Mit einer feinen Küchenreibe die Schale abreiben und zur Seite stellen.

3. Für den Teig die Backmischung in eine Rührschüssel geben. Die Eier, Butter, Milch und die Hälfte der Limettenschale dazugeben und mit dem Handrührgerät zu einer glatten Masse verrühren.

4. Den Teig in die eingefettete und mit Mehl ausgestäubte Backform füllen und im heißen Backofen 50–60 Minuten auf mittlerer Schiene backen. Nach dem Backen den Kuchen aus dem Ofen nehmen und ca. 10 Minuten abkühlen lassen.

5. Dann auf ein Kuchengitter stürzen und vollständig auskühlen lassen.

6. Für den Guss die Glasur von der Backmischung mit dem Zuckerrohrschnaps und der restlichen Limettenschale glatt rühren. Auf dem Kuchen verteilen und mit dem braunen Zucker bestreuen.

TIPP

Noch spritziger schmeckt der Kuchen, wenn Sie den Teig mit Zuckerrohrschnaps anstelle der Milch anrühren.

Zutaten für ca. 8 Stücke:

200 g Bitterschokolade
2 Eier
100 ml Olivenöl, z. B. von Bertolli
60 g Zucker
50 g Mehl

½ TL Backpulver
50 g gemahlene Mandeln
1 EL Kakaopulver
Fett für die Form
Puderzucker zum Bestäuben

Schokoladen-Kuchen

1. Die Schokolade fein hacken und im Wasserbad schmelzen. Die Eier trennen und die Eiweiße mit den Quirlen des Handrührgeräts steif schlagen. Den Backofen auf 180° C (Umluft 160° C) vorheizen.

2. Die Eigelbe, das Olivenöl und den Zucker mit den Quirlen des Handrührgeräts ca. 2 Minuten auf höchster Stufe verrühren. Das gesiebte Mehl, das Backpulver, die Mandeln und das Kakaopulver mischen und unterrühren.

3. Die geschmolzene Schokolade esslöffelweise unter den Teig rühren. Den Eischnee vorsichtig unterheben.

4. Den Teig in eine eingefettete Springform füllen und im heißen Backofen ca. 25 Minuten backen. Den fertigen Kuchen mit Puderzucker bestäuben.

TIPP

Dazu passt ein Beerenpüree aus 300 g gemischten Beeren, die mit 100 g Puderzucker püriert und dann durch ein Sieb gestrichen werden.

Nugat-Kuchen
mit Quark und Haselnüssen

Zutaten für ca. 20 Stücke:

Für den Teig:
150 g Margarine, z. B. von Sanella
250 g Zucker
Salz
5 Eier
250 g Quark

200 g Nugat
300 g gemahlene Haselnüsse
200 g Mehl
1 Päckchen Backpulver
Fett für die Form
Puderzucker zum Bestäuben

1. Die Margarine, den Zucker und 1 Prise Salz mit den Quirlen des Handrührgeräts cremig rühren und die Eier nacheinander hinzufügen. Den Backofen auf 175° C (Umluft 155° C) vorheizen.

2. Den Quark ausdrücken. Den Nugat im Wasserbad schmelzen. Quark, Nugat und Haselnüsse zum Teig geben. Das Mehl mit dem Backpulver mischen, sieben und unterrühren.

3. Den Teig in eine eingefettete Springform füllen. Im heißen Backofen 60–70 Minuten backen.

4. Den abgekühlten Kuchen über eine Schablone mit Puderzucker bestäuben.

Zu diesem Kuchen schmeckt eine Himbeersoße sehr gut.

Nuss-Brownies
mit Kirschen

Zutaten für ca. 20 Stück:

100 g Nusskernmischung
200 g Zartbitterkuvertüre
1 Vanilleschote
100 g weiche Butter, z. B. Du darfst
Die leichte Butter
70 g Zucker

Salz, 3 Eier
150 g Schattenmorellen (Glas)
100 g Mehl
1 ½ TL Backpulver
Fett und Backpapier für die Form
1 Beutel (100 g) dunkle Kuchenglasur

1. Die Nusskernmischung grob hacken. Die Kuvertüre fein hacken und im Wasserbad schmelzen. Die Vanilleschote der Länge nach halbieren und das Mark herauskratzen.

2. Die Butter, den Zucker, das Vanillemark und 1 Prise Salz mit den Quirlen des Handrührgerätes schaumig rühren, bis sich der Zucker aufgelöst hat. Die Eier nach und nach unterrühren. Den Backofen auf 175° C (Umluft 155° C) vorheizen.

3. Die flüssige, sehr warme Kuvertüre unter die Eiermasse rühren. Die Schattenmorellen abtropfen lassen und mit Küchenpapier trocken tupfen. Schattenmorellen und zwei Drittel der gehackten Nusskerne unterheben. Das Mehl sieben, mit dem Backpulver mischen und ebenfalls unterheben.

4. Den Teig in eine gefettete und mit Backpapier ausgelegte, rechteckige Backform (ca. 30 x 20 cm) oder in eine flache Auflaufform füllen.

5. Den Kuchen im heißen Backofen ca. 30 Minuten backen. Etwas abkühlen lassen, dann auf ein Kuchengitter stürzen und auskühlen lassen.

6. Die Kuchenglasur nach Packungsanweisung erwärmen und auf dem ausgekühlten Kuchen verteilen. Die Glasur etwas abkühlen lassen. Den Kuchen in ca. 20 Würfel schneiden und mit den restlichen Nusskernen bestreuen.

Zutaten für ca. 14 Stücke:

2 kleine Bananen (ca. 200 g)
40–50 g in Sirup eingelegter Ingwer
100 g weiche Butter
100 g Zucker
1 TL Bourbon-Vanillezucker
2 Eier
50 g feine Speisestärke, z. B. von Mondamin
150 g Mehl
2 ½ gestrichene TL Backpulver
Fett für die Form
Puderzucker zum Bestäuben

Bananen-Kuchen mit Ingwer

1. Die Bananen schälen und in kleine Würfel schneiden. Den Ingwer klein schneiden. Den Backofen auf 180° C (Umluft 160° C) vorheizen.

2. Die weiche Butter in eine Schüssel geben. Den Zucker, den Vanillezucker, die Eier, die Speisestärke, das gesiebte Mehl und das Backpulver dazugeben und alle Zutaten mit dem Handrührgerät auf der höchsten Stufe ca. 2 Minuten gut verrühren.

3. Zuletzt die Bananen und den Ingwer unter den Teig mischen.

4. Den Teig in eine eingefettete Kastenform (25 cm Länge) füllen und im heißen Backofen 1 Stunde 15 Minuten backen.

5. Den Bananenkuchen auf einen Kuchenrost geben und erkalten lassen. Den fertigen Kuchen mit Puderzucker bestäuben.

Nugat-Kuchen
mit Zimt

Zutaten für ca. 16 Stücke:

Für den Teig:
200 g Nussnugat
200 g Butter
2 Päckchen Vanillezucker
3–4 TL Zimt
3 Eier
250 g Mehl
2 TL Backpulver

4–5 EL Milch
Fett für die Form

Zum Verzieren:
2 EL Aprikosen-Fruchtaufstrich,
z. B. von Du darfst
40 g Marzipanrohmasse
20 g Puderzucker

1. Den Nussnugat in Stücke schneiden und leicht erwärmen. Die Butter in einer Schüssel cremig rühren. Nach und nach Vanillezucker, Zimt, Eier und Nussnugat unterrühren. Den Backofen auf 175° C (Umluft 155° C) vorheizen.

2. Das Mehl mit dem Backpulver mischen und sieben. Abwechselnd mit der Milch unter die Butter-Nugat-Masse rühren. Den Teig in eine eingefettete Kastenform (25 cm Länge) füllen.

3. Den Kuchen im heißen Backofen 40–50 Minuten backen. In den letzten 15–20 Minuten eventuell abdecken.

4. Den Kuchen 10 Minuten in der Form abkühlen lassen. Dann auf ein Kuchengitter stürzen und ganz auskühlen lassen. Den Kuchen mit dem Fruchtaufstrich bepinseln.

5. Die Marzipanrohmasse mit dem Puderzucker verkneten. Zwischen Frischhaltefolie ausrollen. Blätter ausstechen und mit einem Messerrücken einkerben

6. Die Reste zusammenkneten und eine Kordel daraus formen. Den Kuchen mit den Marzipanblättern und der Kordel als Zweig verzieren.

Bananen-Kokos-Kuchen

Zutaten für ca. 15 Stücke:

150 g Butter
160 g brauner Zucker
1 Päckchen Vanillezucker
4 Eier
500 g reife Bananen
2 EL weißer Rum
100 g gemahlene Mandeln
250 g Mehl Type 405, z. B. Aurora Sonnenstern-Mehl Type 405 oder Urkraft des Keimes

2 TL Backpulver
100 g Kokosraspel
200 g weiße Kuvertüre
4 EL Kokos-Chips

Außerdem:
Butter und Mehl für die Form

1. Die Butter, den braunen Zucker und den Vanillezucker schaumig rühren. Die Eier nach und nach unterrühren. Den Backofen auf 175° C (Umluft 155° C) vorheizen.

2. Die Bananen schälen, mit einer Gabel zu Brei drücken und mit dem Rum dazugeben. Die Mandeln, das gesiebte Mehl, das Backpulver und die Kokosraspeln mischen und esslöffelweise unter die Bananenmasse rühren.

3. Eine Kastenform (30 cm) mit Butter einfetten und mit Mehl bestäuben.

4. Den Teig einfüllen, glatt streichen und im heißen Backofen auf der zweiten Schiene von unten ca. 1 Stunde backen.

5. Den fertig gebackenen Kuchen nach 10 Minuten aus der Form lösen und auf einem Kuchenrost auskühlen lassen. Die weiße Kuvertüre grob hacken und nach Packungsanweisung im Wasserbad schmelzen.

6. Die Kokos-Chips in einer Pfanne ohne Fett leicht rösten. Den ausgekühlten Kuchen mit der Kuvertüre überziehen und mit den Kokos-Chips bestreuen.

Zutaten für ca. 16 Stücke:

500 g Äpfel (z. B. Boskop)
200 g Butter
2–3 EL Zuckerrübensirup
100 g Zucker
5 Eier
300 g Mehl
50 g Speisestärke
4 gestrichene TL Backpulver
Fett für die Form
100 g Apfel-Brotaufstrich,
z. B. Grafschafter Apfelschmaus
50 g Mandelblättchen

Apfelkuchen
mit Zuckerrübensirup

1. Den Backofen auf 180° C (Umluft 160° C) vorheizen.

2. Die Äpfel schälen, vierteln, das Kerngehäuse entfernen und die Viertel in Spalten schneiden. Die Butter mit dem Zuckerrübensirup und dem Zucker schaumig rühren.

3. Die Eier nach und nach unterrühren. Das gesiebte Mehl mit Speisestärke und Backpulver vermischen und esslöffelweise unterrühren.

4. Den Teig in eine gefettete Springform (26 cm Durchmesser) geben, die Apfelspalten darauf verteilen und den Kuchen ca. 40 Minuten backen. Kurz abkühlen lassen und aus der Form nehmen.

5. Den Apfel-Brotaufstrich erhitzen, den Kuchen damit bestreichen und mit den Mandelblättchen bestreuen.

Eierlikör-Kuchen
mit Schokotröpfchen

Zutaten für ca. 15 Stücke:

200 g Mehl
50 g Speisestärke
½ Päckchen Backpulver
125 g weiche Butter, z. B. Du darfst
Die leichte Butter
100 g Zucker

2 Eier
50 ml Wasser mit Kohlensäure
100 ml Eierlikör
75 g Schokotröpfchen
Fett für die Form

1. Das Mehl, die Speisestärke und das Backpulver miteinander vermischen und durch ein feines Sieb streichen. Den Backofen auf 175° C (Umluft 155° C) vorheizen.

2. Die Butter und den Zucker mit den Quirlen des Handrührgeräts cremig rühren, bis der Zucker sich aufgelöst hat. Die Eier nacheinander untermischen und die Masse schaumig rühren.

3. Das Wasser mit dem Eierlikör mischen. Abwechselnd mit der Mehlmischung zur Ei-Butter-Masse geben und alles gut verrühren. Die Schokotröpfchen untermischen.

4. Den Teig in eine gefettete Kastenform (20 cm) füllen und glatt streichen. Im heißen Backofen auf der mittleren Schiene ca. 1 Stunde backen.

5. Den fertigen Kuchen aus dem Backofen nehmen und 5 Minuten stehen lassen. Den Kuchen aus der Form stürzen und auskühlen lassen.

TIPP

Durch das Mineralwasser wird der Eierlikör-Kuchen besonders locker. Man kann es auch durch 100 ml Milch ersetzen.

Schokoladenkuchen
mit Birnen

1. Die Birnen schälen, vierteln und das Kerngehäuse herausschneiden. Zitronensaft und Ahornsirup miteinander verrühren und über die Birnen geben.

2. Die Birnen ca. 30 Minuten zum Marinieren in den Kühlschrank stellen.

3. Die Schokolade grob hacken, in einen Topf geben, bei kleiner Hitze schmelzen und abkühlen lassen. Den Backofen auf 175° C (Umluft 155° C) vorheizen.

4. In der Zwischenzeit Margarine und Zucker mit den Quirlen des Handrührgeräts cremig rühren. Die Eier nacheinander unter die Creme geben und die abgekühlte geschmolzene Schokolade unter die Eiercreme rühren.

5. Das Mehl und das Backpulver mischen und sieben. Die Mehlmischung und die Sahne abwechselnd unter die Schokoladencreme rühren.

6. Den Teig in eine eingefettete, mit Backpapier ausgelegte Springform füllen, glatt streichen und mit den Birnenvierteln belegen. Den Kuchen im heißen Backofen ca. 1 Stunde 10 Minuten backen.

7. Die Aprikosenkonfitüre in einem kleinen Topf bei mittlerer Hitze flüssig werden lassen und den noch heißen Kuchen damit bestreichen. Den Kuchen in der Springform auskühlen lassen.

Zutaten für ca. 12 Stücke:

450 g Birnen
2 EL Zitronensaft
2 EL Ahornsirup
100 g Zartbitterschokolade
125 g Margarine
100 g Zucker
2 Eier

250 g Mehl
½ Päckchen Backpulver
150 ml süße Sahne, z. B. Rama Cremefine zum Kochen
Fett und Backpapier für die Form
2 EL Aprikosenkonfitüre

TIPP

Für mehr Orangenaroma etwas eingekochten Orangensaft zu der Glasur geben.

Gewürz-Honig-Kuchen

Zutaten für ca. 15 Stücke:

Für den Gewürzkuchenteig:
100 g Margarine
100 g Zucker
1 Päckchen Vanillezucker
2 Eier, 180 g Mehl
1 TL Backpulver
½ TL Zimt
1 Msp. gemahlener Muskat
1 Msp. gemahlene Gewürznelken
1 Msp. gemahlener Kardamom
1 Msp. Ingwerpulver
2 EL Kakaopulver
4 EL Milch

Für den Honigkuchenteig:
150 g Honig
80 g Margarine, z. B. von Sanella
70 g Zucker
2 EL Milch, 2 Eier
½ TL Zimt
1 Msp. gemahlene Gewürznelken
1 Msp. gemahlener Kardamom
1 Päckchen geriebene Orangenschale
200 g Mehl
1 TL Backpulver
Fett für die Form

Für die Glasur:
150 g Schokoladenglasur

1. Für den Gewürzkuchenteig die Margarine, den Zucker und den Vanillezucker mit den Quirlen des Handrührgeräts cremig rühren. Die Eier nacheinander dazugeben und unterrühren.

2. Das Mehl, das Backpulver, die Gewürze und den Kakao mischen, sieben und unterrühren, bis ein fester, glatter Teig entsteht. Zum Schluss die Milch löffelweise unterrühren, bis der Teig schwer reißend vom Löffel fällt. Den Backofen auf 175° C (Umluft 155° C) vorheizen.

3. Für den Honigkuchenteig den Honig in einem Topf unter Rühren heiß werden lassen. Die Margarine und den Zucker dazugeben, im heißen Honig auflösen und abkühlen lassen.

4. Die Honig-Margarine-Mischung in eine Schüssel geben, erst Milch und Eier, dann die Gewürze und die Orangenschale unterrühren. Das Mehl und das Backpulver mischen, sieben und unterrühren.

5. Beide Teige nacheinander in eine gefettete Kastenform geben und im heißen Backofen ca. 1 Stunde auf der untersten Schiene backen.

6. Den Kuchen abkühlen lassen und aus der Form stürzen. Die Glasur nach Packungsanleitung zubereiten und den Kuchen damit überziehen.

Zebrakuchen

1. Den Backofen auf 180° C (Umluft 160° C) vorheizen.

2. Das gesiebte Mehl mit dem Backpulver mischen. Den Zucker, 1 Prise Salz, die Eier, 120 ml Wasser, die Butter und den Vanillezucker in eine Schüssel geben und mit der Mehlmischung mit dem Handrührgerät zu einem glatten Teig verrühren.

3. Die Hälfte des Teiges in eine zweite Schüssel geben und das Kakaopulver und 80 ml Wasser einrühren.

4. Eine Springform (26 cm Durchmesser) gut einfetten. Mit zwei Löffeln abwechselnd hellen und dunklen Teig in die Form geben. Dabei von der Mitte nach außen arbeiten.

5. Den Kuchen im heißen Backofen auf der untersten Schiene 40–50 Minuten backen. Nach dem Backen leicht mit Puderzucker bestäuben.

Zutaten für ca. 16 Stücke:

300 g Mehl Type 405, z. B. Aurora Sonnenstern-Mehl oder Urkraft des Keimes
2 TL Backpulver
200 g Zucker
Salz
5 Eier

100 g Butter
1 Päckchen Vanillezucker
3 EL Kakaopulver
Fett für die Form
Puderzucker zum Bestäuben

Zutaten für ca. 20 Stücke:

250 g Butter
200 g Zucker
4 Eier
1 EL Vanillezucker
Salz
200 g Weichweizengrieß,
z. B. von Goldpuder

50 ml Milch
½ Päckchen Backpulver
150 g säuerliche Äpfel
150 g gehackte Haselnüsse
100 g Nugat
Backpapier oder Alufolie für die Form
100 g Vollmilchkuvertüre

Nugat-Grieß-Kuchen
mit Apfelraspeln

1. Den Backofen auf 200° C (Umluft 180° C) vorheizen.

2. Die Butter, den Zucker und die Eier schaumig rühren. Den Vanillezucker, 1 Prise Salz, den Grieß, die Milch und das Backpulver unterrühren.

3. Die Äpfel schälen, das Kerngehäuse entfernen, das Fruchtfleisch raspeln, abtropfen lassen und mit 100 g Haselnüssen unter den Teig rühren.

4. Den Nugat ebenfalls fein würfeln und unter den Teig heben. Eine Kastenform mit Backpapier oder Alufolie auslegen, den Teig einfüllen und im heißen Backofen ca. 1 Stunde backen.

5. Den Kuchen auskühlen lassen und stürzen. Die Kuvertüre in einem Wasserbad erhitzen. Den Kuchen damit verzieren und mit den restlichen Haselnüssen bestreuen.

Mini-Gugelhupf mit Glühwein

Zutaten für ca. 6 Stücke:

125 ml Rotwein
1 Zimtstange
4 Gewürznelken, z. B. von Ostmann
je 1 Stück unbehandelte
Zitronen- und Orangenschale
220 g Zucker

100 g Zartbitterschokolade
250 g Butter, 5 Eier
Zimt
250 g Mehl
1 TL Backpulver
Fett für die Formen
Puderzucker zum Bestäuben

1. Den Rotwein mit der Zimtstange, den Gewürznelken, Zitronen- und Orangenschale sowie 1 EL Zucker erhitzen, aber nicht kochen lassen. Zum Abkühlen beiseitestellen. Den Glühwein durch ein Sieb geben. Die Zartbitterschokolade fein reiben.

2. Die Butter mit der Hälfte des restlichen Zuckers schaumig schlagen. Die Eier trennen, Eigelbe, 1 Prise Zimt, die geriebene Schokolade und den Glühwein unterrühren. Den Backofen auf 175° C (Umluft 155° C) vorheizen.

3. Die Eiweiße steif schlagen und den restlichen Zucker einrieseln lassen. Den Eischnee auf die Butter-Glühwein-Mischung geben.

4. Das Mehl und das Backpulver darübersieben und mit einem Schneebesen locker vermengen. Sechs gefettete Mini-Gugelhupfformen zwei Drittel hoch mit dem Teig befüllen und im heißen Backofen ca. 25 Minuten backen.

5. Die Kuchen ca. 5 Minuten abkühlen lassen, aus den Formen lösen und mit Puderzucker bestäuben.

TIPP

Dazu schmecken in Rotwein eingelegte Zwetschgen und Zimt-Sahne.

Herzhafter Käse-Kuchen

1. Den Backofen auf 180° C (Umluft 160° C) vorheizen. Das Mehl mit dem Backpulver mischen und sieben. Die Eier, den Pfeffer und die Margarine mit den Quirlen des Handrührgeräts verrühren. Die Mehlmischung, den Greyerzer, den Gouda und die Milch unterrühren.

2. Den Gorgonzola mit einer Gabel zerdrücken. Den Parmesan in kleine Stücke schneiden. Beide Käsesorten zum Teig geben und vorsichtig unterheben.

3. Den Teig in eine eingefettete Kastenform füllen und im heißen Backofen ca. 45 Minuten backen.

Zutaten für ca. 12 Stücke:

150 g Mehl
1 Päckchen Backpulver
3 Eier
Pfeffer, frisch gemahlen
100 g Margarine, z. B. von Sanella
100 g geriebener Greyerzer
100 g geriebener Gouda
125 ml Milch
100 g Gorgonzola
100 g Parmesan
Fett für die Form

Fruchtiger Pflaumen-Gugelhupf

Zutaten für ca. 16 Stücke:

500 g Pflaumen
250 g Margarine
250 g Zucker
1 Päckchen Vanillezucker
1 TL Zimt
4 Eier
300 g Mehl

1 Päckchen Backpulver
100 ml Milch
Salz
Fett und Semmelbrösel für die Form
250 g Sahne mit Vanillegeschmack,
z. B. Rama Cremefine Vanilla

1. Die Pflaumen waschen, trocken reiben, halbieren und entsteinen. Den Backofen auf 175° C (Umluft 155° C) vorheizen.

2. Die Margarine mit dem Zucker, dem Vanillezucker und dem Zimt mit den Quirlen des Handrührgeräts cremig rühren. Die Eier trennen, die Eigelbe einzeln unterrühren. Das Mehl mit dem Backpulver mischen, sieben und esslöffelweise abwechselnd mit der Milch unter die Creme rühren.

3. Die Eiweiße mit 1 Prise Salz steif schlagen und unter den Teig heben. Zwei Drittel des Teigs in eine eingefettete und mit Semmelbröseln ausgestreute Gugelhupfform füllen.

4. Die Hälfte der Pflaumen auf den Teig legen, mit dem restlichen Teig bedecken und die restlichen Pflaumen vorsichtig in den Teig drücken.

5. Den Kuchen im heißen Backofen ca. 1 Stunde backen.

6. Die Sahne in einem Topf erwärmen und zu dem leicht ausgekühlten Gugelhupf reichen.

Zutaten für ca. 20 Stücke:

125 g Haselnüsse
125 g geschälte Mandeln
150 g Walnüsse
250 g weiche Butter
225 g brauner Zucker
5 Eier
150 g Marzipanrohmasse
375 g Mehl Type 405, z. B.
Goldpuder Auslesemehl
1 Päckchen Backpulver
1 Päckchen Vanillezucker
Saft und Schale von
1 unbehandelten Zitrone
Fett für die Form
Puderzucker zum Bestäuben

Marzipan-Gugelhupf
mit dreierlei Nüssen

1. Die Haselnüsse, Mandeln und Walnüsse in einer Pfanne ohne Fett rösten, abkühlen lassen und grob hacken.

2. Den Backofen auf 180° C (Umluft 160° C) vorheizen.

3. Die Butter und den Zucker schaumig rühren, die Eier nacheinander dazugeben und unterschlagen.

4. Die Marzipanrohmasse in kleine Würfel schneiden und mit dem gesiebten Mehl, dem Backpulver, dem Vanillezucker, Zitronensaft und -schale zur Eimischung hinzufügen und unterrühren. Die Nüsse dazugeben und untermischen.

5. Den Teig in eine gefettete Gugelhupfform geben und im heißen Backofen ca. 1 Stunde 20 Minuten backen.

6. Den abgekühlten Marzipan-Gugelhupf mit Puderzucker bestäuben und servieren.

Kirsch-Napfkuchen

mit Schokostückchen

Zutaten für ca. 20 Stücke:

Für den Teig:
5 Eier
250 g Zucker
2 EL Vanillezucker
100 ml Kirschwein
250 ml Pflanzenöl
225 g Mehl
125 g Speisestärke
1 Päckchen Backpulver

100 g Zartbitterschokolade
720 g Schattenmorellen (Glas)
Mehl zum Bestäuben
Fett und Semmelbrösel für die Form

Für den Guss:
3 EL Kirschwein, z. B. von Katlenburger
80 g Puderzucker

1. Den Backofen auf 180° C (Umluft 160° C) vorheizen.

2. Die Eier mit dem Zucker und dem Vanillezucker schaumig aufschlagen. Den Kirschwein und das Öl unterrühren. Das gesiebte Mehl, die Speisestärke und das Backpulver vorsichtig unterziehen.

3. Die Schokolade grob hacken. Die Schattenmorellen sehr gut abtropfen lassen und mit etwas Mehl bestäuben. Die Schokolade und Kirschen vorsichtig unter den Teig ziehen. Den Teig in eine eingefettete und mit Semmelbröseln ausgestreute Napfkuchenform (Durchmesser 24 cm) füllen.

4. Den Kuchen im heißen Backofen 60–70 Minuten goldbraun backen, vorsichtig auf ein Kuchengitter stürzen und etwas abkühlen lassen.

5. Für den Guss den Kirschwein mit Puderzucker verrühren, den Kuchen damit bestreichen und vollständig auskühlen lassen.

Finnischer Blaubeer-Kuchen

1. Den Backofen auf 200° C (Umluft 180° C) vorheizen.

2. Das gesiebte Mehl, den Zucker, das Backpulver und die Würzmischung in einer Schüssel mischen. Die Eier, die Milch und die Butter dazugeben und alle Zutaten mit einem Löffel zu einem glatten Teig verrühren. Den Teig in eine eingefettete Springform (Durchmesser 26 cm) geben.

3. Die Blaubeeren verlesen, waschen und trocken tupfen. Auf dem Teig verteilen. Den Kuchen im heißen Ofen 30–40 Minuten goldbraun backen, anschließend auf einem Gitter auskühlen lassen und mit Puderzucker bestäuben.

4. Für den Vanilleschaum die Milch, das Ei, den Zucker, den Vanillezucker und die Speisestärke im heißen Wasserbad schaumig aufschlagen. Lauwarm zum Blaubeer-Kuchen servieren.

Zutaten für ca. 12 Stücke:

Für den Teig:
250 g Mehl
150 g Zucker
2 TL Backpulver
1 Beutel Würzmischung für Muffins, z. B. von Fuchs
2 Eier
150 ml Milch
70 g zerlassene Butter

Fett für die Form
500 g Blaubeeren

Für den Vanilleschaum:
250 ml Milch
1 Ei
1 EL Zucker
2 Päckchen Bourbon-Vanillezucker
1 EL Speisestärke

Zutaten für ca. 16 Stücke:

- 150 g Zartbitterkuvertüre
- 125 ml süße Sahne
- 5 Eier
- 50 g Puderzucker
- 250 g Margarine, z. B. von Rama
- 100 g Zucker
- 1 Päckchen Vanillezucker
- Salz
- 2 Päckchen geriebene Orangenschale
- 1 TL Lebkuchengewürz
- 200 g Mehl
- 30 g Speisestärke
- ½ Päckchen Backpulver
- 50 g gehackte Mandeln
- Fett und Semmelbrösel für die Form
- 2 EL Puderzucker zum Bestäuben

Marmor- Gugelhupf

1. Die Kuvertüre grob hacken, mit der Sahne in einen Topf geben und bei schwacher Hitze schmelzen. Etwas abkühlen lassen. Die Eier trennen, Eiweiße und Puderzucker zu steifem Eischnee schlagen.

2. Die Margarine mit dem Zucker, dem Vanillezucker, 1 Prise Salz, der Orangenschale und dem Lebkuchengewürz mit den Quirlen des Handrührgeräts cremig rühren. Den Backofen auf 175° C (Umluft 155° C) vorheizen.

3. Die Eigelbe nacheinander hinzufügen und unter die Creme rühren. Mehl, Speisestärke und Backpulver mischen, sieben und löffelweise unter die Creme rühren.

4. Den Teig halbieren und in eine Hälfte des Teigs die geschmolzene Kuvertüre rühren. In die andere Hälfte die gehackten Mandeln rühren.

5. Den Eischnee halbieren und je eine Hälfte vorsichtig unter jeden Teig ziehen. Die Teige abwechselnd in die gefettete, mit Semmelbröseln ausgestreute Form füllen und im heißen Backofen ca. 1 Stunde backen.

6. Den fertigen Kuchen ca. 10 Minuten in der Form ruhen lassen, dann zum Auskühlen auf ein Kuchengitter stürzen. Den ausgekühlten Gugelhupf mit Puderzucker bestäuben und servieren.

Bananen-Kuchen
„Crunchy"

Zutaten für ca. 20 Stücke:

100 g Nussnugatcreme (Glas)
100 g Margarine
100 g Zucker
2 Eier
250 g Mehl
2 EL Backpulver
2 EL Kakaopulver
200 ml Milch
50 g Bananenchips

Fett für die Form
2 Bananen

Für den Guss:
80 g Zucker
2 EL Honig
100 ml süße Sahne, z. B. Rama Cremefine
30 g Cornflakes

1. Die Nussnugatcreme mit der Margarine, dem Zucker und den Eiern mit den Quirlen des Handrührgeräts cremig schlagen. Den Backofen auf 175° C (Umluft 155° C) vorheizen.

2. Das gesiebte Mehl mit dem Backpulver und dem Kakao mischen und abwechselnd mit der Milch zur Nugat-Margarine-Creme geben. Alle Zutaten zu einem geschmeidigen Teig verrühren.

3. Die Bananenchips in einen Gefrierbeutel geben, mit einem Nudelholz zerkleinern und unter den Teig rühren. Den Teig in eine gefettete Kastenform füllen. Die Bananen schälen, auf den Teig legen und ca. 2 cm in den Teig eindrücken.

4. Den Kuchen im heißen Backofen ca. 1 Stunde backen, auf einem Gitterrost vollständig auskühlen lassen und auf einen Teller stürzen.

5. Für den Guss den Zucker und den Honig in einer Pfanne schmelzen. Wenn er leicht braun wird, die Sahne dazugießen und bei mittlerer Hitze einkochen, bis die Zuckermasse dick wird.

6. Die Cornflakes vorsichtig unterrühren und den Guss zügig auf dem Kuchen verteilen.

Karotten-Kuchen

1. Den Backofen auf 180° C (Umluft 160° C) vorheizen.

2. Die Möhren schälen, putzen und fein raspeln. Die Butter mit Zucker, Zimt, Nelken und 1 Prise Salz schaumig schlagen, die Eier dazugeben und das Ganze verrühren.

3. Das gesiebte Mehl mit dem Backpulver mischen und nach und nach untermischen. Die Möhren und die gemahlenen Mandeln unter den Teig rühren.

4. Eine Springform (26 cm) einfetten und mit Semmelbröseln ausstreuen. Den Teig einfüllen und im heißen Backofen ca. 1 Stunde backen.

5. Den Kuchen mit einem spitzen Messer vom Formrand lösen, stürzen und auskühlen lassen. Den Kuchen mit weißer Kuvertüre und kleinen Möhrchen verzieren.

Zutaten für ca. 12 Stücke:

300 g Möhren
200 g Butter
300 g Zucker
½ TL Zimt
2 Msp. gemahlene Gewürznelken
Salz
4 Eier
300 g Vollkornweizenmehl, z. B. von Goldpuder
1 Päckchen Backpulver
250 g gemahlene Mandeln
Fett und Semmelbrösel für die Form

Zum Verzieren:
weiße Kuvertüre
kleine Möhrchen

Zutaten für ca. 12 Stücke:

75 g Rosinen
5 EL Traubensaft
4 Äpfel
4 EL Zitronensaft
125 g Margarine, z. B. von Rama
150 g Zucker

2 Eier
Salz
200 g Mehl
½ Päckchen Backpulver
Fett und Mehl für die Form
1 TL Zimt

Winterlicher Apfel-Rosinen-Kuchen

1. Die Rosinen waschen, trocken tupfen und im Traubensaft einweichen. Die Äpfel schälen, halbieren und das Kerngehäuse entfernen.

2. Die Apfelhälften vorsichtig so einschneiden, dass sie in der Mitte noch zusammenhängen. Die Äpfel mit 2 EL Zitronensaft beträufeln. Den Backofen auf 175° C (Umluft 155° C) vorheizen.

3. Die Margarine und 125 g Zucker bei kleiner Hitze erwärmen, bis der Zucker sich aufgelöst hat, dann mit den Quirlen eines Handrührgeräts cremig rühren. Die Eier trennen und die Eiweiße mit 1 Prise Salz zu Eischnee schlagen.

4. Die Eigelbe und den restlichen Zitronensaft mit einem Schneebesen in die Margarinecreme rühren. Das Mehl mit dem Backpulver mischen, sieben und zusammen mit dem Eischnee sowie den Rosinen unterrühren.

5. Den Teig in eine eingefettete und mit Mehl bestäubte Backform geben. Die Apfelhälften etwas flach drücken und auf dem Teig verteilen.

6. Den restlichen Zucker mit dem Zimt mischen und über die Äpfel streuen. Den Apfel-Rosinen-Kuchen im heißen Backofen ca. 30 Minuten backen.

TIPP

Mit Vanillesoße oder Schlagsahne servieren. Die Rosinen können Sie durch Mandelsplitter ersetzen.

Limetten-Gugelhupf
mit Pistazien-Stückchen

Zutaten für ca. 16 Stücke:

250 g Margarine, z. B von Rama
250 g Zucker
1 Päckchen Vanillin-Zucker
5 Eier
500 g Mehl
1 Päckchen Backpulver
100 ml Limettensaft
50 g gehackte Pistazien
Fett für die Form

Zum Tränken:
75 ml Limettensaft
4 EL Puderzucker

Für den Guss:
200 g Puderzucker
2–3 EL Limettensaft

1. Den Backofen auf 175° C (Umluft 155° C) vorheizen. Die weiche Margarine, Zucker und Vanillin-Zucker mit den Quirlen des Handrührgeräts cremig rühren. Nacheinander die Eier dazugeben und unterrühren.

2. Mehl und Backpulver mischen, sieben und abwechselnd mit dem Limettensaft unterrühren. Die Pistazien unterheben. Den Teig in eine gefettete Form füllen und glatt streichen.

3. Den Gugelhupf im heißen Backofen auf der 2. Einschubleiste von unten ca. 1 Stunde und 15 Minuten backen.

4. Den Limettensaft mit dem Puderzucker verrühren, den Kuchen nach dem Backen ein paar Mal mit einem Holzstäbchen einstechen und den Gugelhupf mit dem Limettensaft tränken.

5. 10 Minuten in der Form stehen lassen, dann aus der Form lösen und auf einem Kuchengitter auskühlen lassen. Für den Guss den Puderzucker mit dem Limettensaft zu einem zähen Guss rühren und den Gugelhupf damit überziehen.

Register

A
Amaretto-Marmorkuchen 4
Apfelkuchen mit Zuckerrübensirup 30
Apfel-Rosinen-Kuchen, winterlicher 60

B
Bananen-Kokos-Kuchen 28
Bananen-Kuchen „Crunchy" 56
Bananen-Kuchen mit Ingwer 24
Blaubeer-Kuchen, finnischer 52
Blondies mit Himbeeren 12

C
Caipirinha-Kuchen 16

E
Eierlikör-Kuchen mit Schokotröpfchen 32

G
Gewürz-Honig-Kuchen 36

K
Karotten-Kuchen 58
Käse-Kuchen, herzhafter 44
Kirsch-Napfkuchen mit Schokostückchen 50

L
Limetten-Gugelhupf mit Pistazien-Stückchen 62

M
Marmor-Gugelhupf 54
Marmorkuchen mit Nugat 2
Marzipan-Gugelhupf mit dreierlei Nüssen 48
Mini-Gugelhupf mit Glühwein 42

N
Napfkuchen, orientalischer 6
Nugat-Grieß-Kuchen mit Apfelraspeln 40
Nugat-Kuchen mit Quark und Haselnüssen 20
Nugat-Kuchen mit Zimt 26
Nuss-Brownies mit Kirschen 22

O
Orangensirup-Kuchen 10

P
Pflaumen-Kuchen mit Haselnüssen 14
Pflaumen-Gugelhupf, fruchtiger 46
Punsch-Kuchen 8

S
Schokoladenkuchen 18
Schokoladenkuchen mit Birnen 34

Z
Zebrakuchen 38

© 2010 SAMMÜLLER KREATIV GmbH

Genehmigte Lizenzausgabe
EDITION XXL GmbH •
Fränkisch-Crumbach 2010
www.edition-xxl.de

Idee und Projektleitung: Sonja Sammüller
Layout, Satz und Umschlaggestaltung:
SAMMÜLLER KREATIV GmbH

ISBN (13) 978-3-89736-753-1
ISBN (10)   3-89736-753-X

Der Inhalt dieses Buches wurde sorgfältig erwogen und geprüft. Es kann keine Haftung für Personen-, Sach- und/oder Vermögensschäden übernommen werden.

Kein Teil dieses Werkes darf ohne schriftliche Einwilligung des Verlages in irgendeiner Form (inkl. Fotokopien, Mikroverfilmung oder anderer Verfahren) reproduziert oder unter Verwendung elektronischer oder mechanischer Systeme verarbeitet, vervielfältigt oder verbreitet werden.

Bildnachweis

Wir danken folgenden Firmen für ihre freundliche Unterstützung:

Aurora 6–7, 16–17, 28–29, 38–39
The Food Professionals Köhnen AG, Sprockhövel
– Fuchs 52–53
– Grafschafter 30–31
– Goldpuder 4–5, 40–41, 48–49, 58–59
– Kaltenburger 50–51
– Ostmann 42–43
Unilever Deutschland GmbH, Hamburg
– Bertolli 18–19
– Du darfst 22–23, 26–27, 32–33
– Mondamin 24–25
– Rama 2–3, 14–15, 34–35, 46–47, 54–55, 56–57, 60–61, 62–63
– Sanella 8–9, 10–11, 12–13, 20–21, 36–37, 44–45